Elisabeth Humboldt

Die Klosterkirche St. Peter- und Paul in Zittau im Spiegel der Zittauer Stadtgeschichte

GRIN Verlag

Bibliografische Information der Deutschen Nationalbibliothek:

Die Deutsche Bibliothek verzeichnet diese Publikation in der Deutschen National-
bibliografie; detaillierte bibliografische Daten sind im Internet über http://dnb.d-
nb.de/ abrufbar.

Dieses Werk sowie alle darin enthaltenen einzelnen Beiträge und Abbildungen
sind urheberrechtlich geschützt. Jede Verwertung, die nicht ausdrücklich vom
Urheberrechtsschutz zugelassen ist, bedarf der vorherigen Zustimmung des Verla-
ges. Das gilt insbesondere für Vervielfältigungen, Bearbeitungen, Übersetzungen,
Mikroverfilmungen, Auswertungen durch Datenbanken und für die Einspeicherung
und Verarbeitung in elektronische Systeme. Alle Rechte, auch die des auszugsweisen
Nachdrucks, der fotomechanischen Wiedergabe (einschließlich Mikrokopie) sowie
der Auswertung durch Datenbanken oder ähnliche Einrichtungen, vorbehalten.

Impressum:

Copyright © 2001 GRIN Verlag, Open Publishing GmbH
Druck und Bindung: Books on Demand GmbH, Norderstedt Germany
ISBN: 978-3-640-68326-0

Dieses Buch bei GRIN:

http://www.grin.com/de/e-book/155972/die-klosterkirche-st-peter-und-paul-in-zittau-
im-spiegel-der-zittauer

GRIN - Your knowledge has value

Der GRIN Verlag publiziert seit 1998 wissenschaftliche Arbeiten von Studenten, Hochschullehrern und anderen Akademikern als eBook und gedrucktes Buch. Die Verlagswebsite www.grin.com ist die ideale Plattform zur Veröffentlichung von Hausarbeiten, Abschlussarbeiten, wissenschaftlichen Aufsätzen, Dissertationen und Fachbüchern.

Besuchen Sie uns im Internet:

http://www.grin.com/

http://www.facebook.com/grincom

http://www.twitter.com/grin_com

Blockseminar „Kirche und Kunst in der Oberlausitz"

14.-17. Juni 2000

Die Klosterkirche St. Peter- und Paul in Zittau

im Spiegel der Zittauer Stadtgeschichte

30.05.2001

Inhaltsverzeichnis

1. Die Entstehung der Stadt Zittau

Die Gegend um die Stadt Zittau, in der südöstlichen Oberlausitz an der Mandaumündung in die Lausitzer Neiße gelegen, war schon etwa um das Jahr 1000 besiedelt. Ein Handelsweg über das Zittauer Gebirge nach Böhmen begünstigte die wahrscheinliche Entstehung einer Wasserburg an der Mandau und zweier Waldhufendörfer[1].

Die Verbindung nach Böhmen bestimmte die Zittauer Geschichte von den Ursprüngen an. Die vormals dem Markgrafentum Meißen unterstellte Oberlausitz kam 1158 als Reichslehen zu Böhmen. Erstmals urkundlich erwähnt wird die Stadt Zittau in einer Urkunde des Klosters St. Marienthal bereits 1238, als sich dort der böhmische Adlige 'Czastolaw de Zittavia' aus der burggräflichen Familie derer von 'Lipa' aufhielt. Der Name 'Zittau' geht auf das slawische 'zito' mit der deutschen Entsprechung 'Korn' zurück, was auf einen intensiven Getreideanbau in der Zittauer Gegend schließen läßt.

Der böhmische König Ottokar II. verlieh Zittau 1254 das Stadtrecht; 1255 bestimmte er die zukünftige Stadtgröße, indem er die Flur umritt, auf der sie entstehen sollte. Nachdem eine zweite Stadtmauer erbaut worden war, nahm die Stadt „nach damaligem Begriff eine ansehnliche Größe"[2] ein.

Ottokar II. gab der Stadt außerdem wichtige Privilegien wie „Marktrecht, Münzrecht, Gerichtsbarkeit und Zollfreiheit in Böhmen"[3], die es wirtschaftlich erstarken ließen „durch die Bierbrauerei, Tuchmacherei und Handelsbeziehungen bis zum Balkan."[4] So entwickelte sich Zittau zum politischen und wirtschaftlichen Mittelpunkt der südlichen Oberlausitz und war 1346 einer der Gründer des Sechsstädtebundes, der zwischen Bautzen, Görlitz, Löbau, Lauban, Kamenz und Zittau geschlossen wurde.[5]

Die sich anschließende Herrschaft Karls IV. kam der Entwicklung Zittaus weiterhin zugute. Die Lausitz fungierte als Transitgebiet infolge „einer florierenden Handelsverbindung vom Orient über Prag bis zur Hanse"[6], die Karl IV. maßgeblich gefördert hatte. Er ließ „zahlreiche Geleit- und Schutzburgen errichten (1364

---

[1] Krell, 296.
[2] Reisehandbuch, 412.
[3] ebd.
[4] Krell, 296.
[5] Krell, 152.
[6] Krell, 297.

Kaiserhaus auf dem Oybin, 1357 Karlsfried bei Lückendorf, 1367 Kaiserhaus in Zittau)."[7]

2. Die Gründung des Franziskanerklosters

Um 1244, noch bevor Ottokar II. Zittau zur Stadt erhoben hatte, ließen sich - wohl am Stadtrand - Franziskaner nieder. Als Angehörige eines Bettelordens lebten sie von den Gaben der Stadtbewohner und der Umgebung. 1268 gründeten die Mönche ein Kloster, für diesen Zweck wurde ihnen von der burggräflichen Familie von Leipa - die an Macht verloren hatte, nachdem in Zittau ein Stadtrat gebildet worden war - deren herrschaftlicher Hof samt Wirtschaftsräumen, Garten sowie einer Kapelle überlassen. Auch wurde von der Leipaischen Familie - neben anderen Vermächtnissen - ein im nördlichen Teil der heutigen Neustadt gelegener Platz an Bürger zum Hausbau verkauft und der Erlös wiederum für den weiteren, bis 1290 andauernden Klosterbau verwendet.[8]

Die Mönche errichteten in den Anfangsjahren auch den Kreuzgang sowie einen Klostergarten und weitere Wirtschaftsgebäude. In einem Stadtmauerturm, der an den Klostergarten grenzte, richteten sie eine Bibliothek ein.[9]

Der heutige Klosterhof war die Begräbnisstätte der Mönche, aber auch andere Bürger konnten sich Grabstätten gegen Wohltaten für das Kloster erkaufen.[10]

Die Klostergründung der Zittauer Franziskaner im ehemaligen Burghof der Familie von Leipa folgte dem typischen Muster der sich in die städtische Gesellschaft integrierenden Bettelorden jener Zeit, die sich nach anfänglicher Niederlassung in beliebigen, gerade leerstehenden und meist am Stadtrand gelegen Gebäuden aller Art in Stiftungsgebäuden einrichteten, da sich "der Repräsentationssinn der Bürger sich auch auf die 'Behausungen' der Orden ausdehnte."[11]

---

[7] Reisehandbuch, 412.
[8] Infoblatt, 1.
[9] Kirchengalerie, Sp. 68.
[10] Ebd.
[11] Badstübner, 228.

3. Die Klosterkirche

Der kleinere Vorgängerbau der Klosterkirche scheint die Nikolauskapelle gewesen zu sein (1109 erstmals erwähnt), die der Familie von Leipa als Andachtsstätte gedient hatte. Im Dehio heißt es dazu: Er ist ein „Rechteckiger 2jochiger Bau mit Kreuzrippengewölbe aus dem 13. Jahrhundert; die Konsolen zeigen zierliche frühgotische Ornamentik noch mit romanischen Erinnerungen."[12] Diese Kapelle wird heute als Sakristei genutzt.

Gleichzeitig mit dem Ausbau der Klostergebäude (um 1290) ist nach 30-jähriger Bauzeit auch der Kirchenbau in seiner jetzigen Ausdehnung fertiggestellt.[13]

Es ist bemerkenswert, daß der Beginn des franziskanischen Kirchenbaus in Zittau mit der "ersten Niederschrift franziskanischer Gebräuche, den 'Generalkonstitutionen des Minderbrüderordens', die am 10. Juni 1260 in Narbonne erlassen und bestätigt worden sind, [in denen] Bauvorschriften enthalten sind...",[14] zeitlich zusammenfällt. In diesen Vorschriften wird vieles verboten, was den Prototyp des franziskanischen Kirchenbaus, der Kirche San Francesco in Assisi, ausschmückt. "Weil aber die Erlesenheit und der Überfluß direkt der Armut entgegenstehen, ordnen wir an, daß die Erlesenheit der Gebäude an Malereien, Tabernakeln, Fenstern und Säulen und dergleichen, ebenso das Übermäßige an Länge, Breite und Höhe möglichst streng vermieden werde..."[15]. Diese Vorschriften sind am Gebäude der Franziskanerkirche in Zittau weitestgehend verwirklicht.

Der Grundriß der Kirche ist sehr schlicht - dieser entspricht der architektonischen Entwicklung hin zu einer verbindlichen Form, die "mit der Fixierung von Architekturvorstellungen durch die Franziskaner um 1260 in Zusammenhang stehen."[16] Es handelt sich um eine große zweischiffige, durch Kreuzrippen überwölbte Halle, von vier achteckigen, reichgegliederten Säulen getragen. Das in seiner jetzigen Gestalt erst um 1488 vollendete Kirchenschiff [17] ist asymmetrisch zum Chorraum angeordnet und zeigt nach Süden eine wesentlich größere Breite als dieser.

---

[12] Dehio, 435.
[13] Chronik, 1.
[14] Badstübner, 266.
[15] Ebd.
[16] A.a.O., 267.
[17] Chronik, 1.

Die mehrschiffigen Hallen solcher Bettelordenskirchen, als nüchterne Versammlungsbauten geschaffen,[18] werden von W. Gross als der entstehende "einheitlich in sich ruhende Raum der Neuzeit"[19] im Gegensatz zum rhythmisch-spannungsgeladenen mittelalterlichen Kirchenraum charakterisiert. Der außermonastische Bereich stellt durch Reduktion der Architekturformen "einen klaren überschaubaren, einen verstandesmäßig begreifbaren Raum und Baukörper"[20] dar.

Der Chorraum der Kirche wird als vierjochiger, einschiffiger gestreckter Raum mit geradem Abschluß beschrieben, das Kreuzrippengewölbe ruht auf Konsolen. An der Ostseite befinden sich drei Fenster, wobei das Mittelfenster überhöht ist. [21] Die Wölbung und der gerade, noch nicht polygonale Ostschluß entsprechen wiederum der Entwicklung der Bettelordensarchitektur der Zeit.[22]

Die architektonische Isolierung von mönchischem Chor und Gemeinderaum entsprach dem gesellschaftlichen Selbstverständnis der Mönchsgemeinschaft im 14. Jahrhundert.[23] Die charakteristische Abgrenzung des Chorraumes im Gegensatz zum Schiff zeigt sich oft auch an tief herabgezogenen Triumphbögen in den Bettelordenskirchen.[24] - Auch in der "Mönchskirche" in Zittau befindet sich ein solcher, tief herabgezogener Triumphbogen, der die Trennung zwischen Kirchenschiff und Chorraum augenfällig macht. Der Schlußstein dieses Triumphbogens wurde im Jahre 1659 mit einer Inschrift, die Initialen Heinrich von Heffters zeigend, verziert.

Der Hauptaltar der Kirche wurde 1293 den Aposteln Petrus und Paulus geweiht. Im Volksmund hieß die Kirche aber noch bis ins 16. Jahrhundert hinein 'Mönchskirche'.[25]

Die erst im 17. Jahrhundert erfolgte erstmalige Ausstattung und Ausgestaltung der Kirche (im Barockstil) zeigt, daß der Bettelorden die Auflagen der architektonischen Ordensrichtlinien umgesetzt hatte und keinen überflüssigen baukünstlerischen Aufwand zur Ausgestaltung duldete. Erst als die Kirche sozusagen Stadt- und Parrkirche wurde, trat in dieser Hinsicht eine Änderung ein.

---

[18] vgl. Badstübner, 275.
[19] zit. bei Badstübner, 268.
[20] Badstübner, 274.
[21] vgl. Dehio 435.
[22] Badstübner, 273.
[23] A.a.O., 274.
[24] A.a.O., 273.
[25] Kirchengalerie, Sp. 68.

6

Angesichts des Turmverbotes in den Auflagen der franziskanischen 'Bauaufsicht' von 1260, das von den Bettelorden streng eingehalten worden sein soll[26], erstaunt der markante Turm der Peter - und Pauls- Kirche, zu dessen ursprünglichem Baudatum keine Angaben gefunden werden konnten. Denkbar ist, daß der Turm ursprünglich als ein Teil des Vorgängerbaus der Mönchskirche, der Nikolaikapelle, in diesen integriert war.

4. Die Geschichte des Klosters bis zur Reformation

Während der 1419 beginnenden Hussitenkriege, durch die die aufstrebende Entwicklung der Stadt jäh unterbrochen wurde, war das Kloster nach dem Übertritt des Prager Erzbischofs zu den Hussiten von 1421-1437 Aufenthaltsort für das Prager Domkapitel, wo der Gegner von Jan Hus, Andreas von Broda, residierte.[27] Der Domschatz war auf den Oybin ausgelagert worden.

Das Kloster übernahm von hier aus die Leitung der Erzdiözese - so kam es, daß Zittau 20 Jahre lang die kirchliche Hauptstadt des Erzbistums Prag und bis 1476 Bischofssitz war.[28] "Die Anwesenheit dieser hohen geistlichen Behörde in der Stadt hat wohl wesentlich dazu mit beigetragen, daß dieselbe mehrfach von Hussiten bedrängt wurde.[29]

Ab 1521 wurde der Einfluß der Reformation in der Stadt spürbar, und „1534 war Zittau die erste Stadt der Oberlausitz, die die Reformation annahm. Lorenz Heydenreich, Prediger an der Stadtkirche, wandte sich unter dem Schrecken der Pest von altkirchlicher Frömmigkeit ab und der Lehre Luthers zu."[30]

In dieser Situation gab es unter den Mönchen eine Spaltung. Viele von ihnen verließen das Kloster und nahmen Kirchenschätze mit. Die Zurückgebliebenen litten Not und mußten einen Teil ihrer Einrichtungsgegenstände verkaufen; schließlich baten die letzten Mönche den Stadtrat um Verpflegung und die Instandhaltung der Gebäude gegen Überlassung des restlichen Inventars. Nach dem Tod des letzten Mönchs, Michael Reinstein, ging der gesamte Klosterbesitz 1544 in den Besitz der

---

[26] Badstübner, 267.
[27] Chronik, 1.
[28] Kirchengalerie, Sp. 68.
[29] Ebd.
[30] Krell, 297.

Stadt über. Das Kloster selbst gehörte nun der Gotteskastenstiftung.[31] Dieses Ereignis markiert das Ende der 310-jährigen Klostergeschichte.

In den ehemaligen Mönchszellen wurden nun arme Frauen beherbergt, der Klostergarten wurde der Stadtgeistlichkeit geöffnet.[32]

5. Die Peter- und Pauls- Kirche bis zum 30-jährigen Krieg

Während der ersten Hälfte des 16. Jahrhunderts hatte in der Stadt eine rege Bautätigkeit eingesetzt (vier bewehrte Stadttore, prunkvolle Handelshäuser und Profanbauten), die jedoch 1547 ein jähes Ende nahm durch den Verlust fast aller Privilegien und des gesamten Grundbesitzes infolge des 'Pönfalls'[33]. Weil die Löhnung nicht rechtzeitig gezahlt worden war, hatte sich "das von den Sechsstädten aufgestellte Söldnerheer, das für den Kaiser gegen den Schmalkaldischen Bund zu Felde ziehen sollte, vor der entscheidenden Schlacht"[34] zurückgezogen. "Politischer Hintergrund des Ärgers war die Pflicht der reformierten Sechsstädte, für ihren katholischen Herrn gegen die evangelischen Schmalkalder den Glaubenskrieg zu führen."[35]

Unter Bürgermeister Nikolaus von Dornspach und durch den Fleiß der Bürger konnten die Verluste jedoch in wenigen Jahrzehnten überwunden werden.

Nach dem Rückkauf aller Privilegien und sämtlichen Grundbesitzes gegen teures Geld erlebte Zittau noch einmal eine Blütezeit bis zum Beginn des 30-jährigen Krieges[36].

Während dieser konfessionellen Wirren und Umwälzungen verfiel jedoch die Klosterkirche zusehends. 1623 stürzte ein Teil des Gewölbes herunter und zerschmetterte die Kanzeltreppe.[37] Der schadhafte Turm wurde 1560 noch einmal wiederhergestellt und mit zwei neuen Glocken versehen. Doch bis 1598 wurde kein Gottesdienst mehr in St. Peter- und Paul gehalten und nur notdürftige Reparaturen vorgenommen.

---

[31] Kirchengalerie, Sp. 68/69.
[32] Kirchengalerie, Sp. 69.
[33] Krell, 153.
[34] Ebd.
[35] Ebd.
[36] Reisehandbuch, 413.
[37] Kirchengalerie, Sp. 69.

6. Die Erneuerung der Kirche

Im Zuge der Gegenreformation siedelte sich in der Mitte des 17. Jahrhunderts eine Vielzahl von Glaubensflüchtlingen aus Böhmen in der Oberlausitz an, so daß das wirtschaftliche Leben erneut aufblühte und die Zittauer Region sich zu einer der am dichtesten besiedelten Gebiete Deutschlands entwickelte. In dieser Zeit war Zittau nach Leipzig die zweitgrößte Handelsstadt Sachsens. [38]

Der zurückerlangte Reichtum der Stadt, der sich durch einen städtebaulichen Aufschwung äußerte, kam nun endlich auch der dringend zu erneuernden Kirche St. Peter- und Paul zugute. Den Bemühungen der Ratsherren Heinrich von Heffter und Gottfried von Rodok ist es zu verdanken, daß die Kirche in der zweiten Hälfte des 17. Jahrunderts wiederhergestellt wurde. [39]

Da es sich um eine Stiftung der Franziskaner handelte und die Katholiken Anspruch auf das Kirchengebäude erhoben, mußte sich Heffter persönlich beim Kaiser in Wien eine besondere Erlaubnis zum Wiederaufbau der Kirche für die Stadtgemeinde erbitten. [40] Als Heffter Bürgermeister wurde, spendete er einen Teil seines Vermögens dafür. [41]

So wurde St. Peter- und - Paul nach vierjähriger Bauzeit schließlich am 29. Juni, dem Tag Petri und Pauli, 1662 wiedereingeweiht und zur zweiten Stadtkirche erhoben, nachdem zunächst das Gestühl im Schiff sowie Emporen eingezogen worden waren. [42]

Im Jahre 1668 folgte dann die weitere Erneuerung der Innenausstattung: Ein neuer barocker Altar mit Holzstandbildern wurde eingebaut und 1675 mit Mitteln der Gräfin von Hohenlohe vergoldet. [43] (Die heutigen Altargemälde stammen von H. W. Schober. [44])

Im selben Jahr wird außerdem eine reich geschnitzte Kanzel von Georg Nahns und Hans Bubenick geschaffen, sie ist "künstlerisch anspruchsvoll gestaltet" [45]. Sie hängt frei am steinernen Aufbau der Holztreppe, mit Türen oben und unten. An der Brüstung der Kanzel sieht man Reliefgestalten von Christus und den vier

---

[38] Krell, 297.
[39] Kirchengalerie, Sp. 69.
[40] Kirchengalerie, Sp. 69.
[41] Infoblatt, 3.
[42] Kirchengalerie, Sp. 70.
[43] Kirchengalerie, Sp. 70.
[44] Chronik, 1.
[45] Mai, 76.

Evangelisten, der Kanzelkorb und der Schalldeckel befinden sich ebenfalls am Steinaufbau mit Ornamentik. Auf dem Schalldeckel ist ein Kruzifix zu sehen, unter diesem eine Taube. Die gesamte Kanzel wurde von Hefters Frau gestiftet.[46]

Ein Beichtstuhl aus dieser Zeit befindet sich noch heute im Chorraum an der Wand, links vom Altar.

Dehio bemerkt zur Innenausstattung außerdem: "An der Treppe zur Süd- Empore des Chores befindet sich eine reich geschnitzte Tür im Knorpelstil."[47]

Die Epitaphien im Chorraum zeigen an der Südmauer ein Denkmal für G. B. Martini sowie für Joh. Dorothea Böttiger, geb. Martini, beide von 1733, außerdem an der Nordmauer ein Denkmal für Dorothea Juliane Herzog von 1723, sowie für Gustav Schmeiß von Ehrenpreißberg von 1695.[48]

Seit 1690 wird der Klosterhof als Begräbnisstätte genutzt. Es entstehen hier künstlerisch hochinteressante und wertvolle, heute leider zunehmend verfallende Grüfte in prunkvollem manieristischen Stil.[49]

1695 geschah auf Kosten des Zittauer Kauf- und Ratsherrn Andreas Noack eine vollständig neue Ausmalung der Kirche einschließlich einer figürlichen Bemalung der Emporenbrüstungen, die leider 1882 überstrichen wurde.[50]

Eine Loge für Noack und seine Frau befindet sich zwischen dem ersten und zweiten Pfeiler an der südlichen Außenseite, sie zeigt Ölportraits vom Stifterehepaar.[51] 1696 ließ Noack an der südlichen Außenseite außerdem eine Betstube anbauen.[52]

In den Jahren 1705 und 1706 wurde der Gebäudeteil des Klosters mit den ehemaligen Mönchszellen renoviert; zwei Schlußsteine mit diesbezüglichen Inschriften, eine innen über dem Eingang zum Kapitelsaal und eine an der Straßenfront des jetzigen Stadtmuseums, erinnern bis heute daran. 1706 wurde außerdem im östlichen Klosterflügel ein Armenhaus für Frauen eingerichtet, das bis 1928 existierte.[53]

---

[46] Kirchengalerie, Sp. 70.
[47] Dehio 435.
[48] Chronik, 1.
[49] Ebd.
[50] A.a.O., 2.
[51] Kirchengalerie, Sp. 70.
[52] Chronik, 2.
[53] Infoblatt, 2.

1747 wurden außerdem an der südlichen Außenseite des Kirchenschiffes zwischen den Treppenaufgängen zwei neue Logen für die städtischen Beörden angebaut.[54]

7. Die Kirche vom Siebenjährigen Krieg bis zur Gegenwart

Infolge des siebenjährigen Krieges wurde Zittau am 23. Juli 1757 (durch den Beschuß der Österreicher) in einem großen Brand mit nahezu all seinen Kirchen zerstört, nur die Klosterkirche blieb als einzige fast unzerstört und diente der Stadt bis 1837 als Hauptkirche.[55]

Der 70 Meter hohe, an der Südseite eingeordnete Turm, der auch 1757 im Brand zerstört worden war, erhielt 1758 seine jetzige Gestalt durch den in Zittau seßhaft gewordenen Baumeister Andreas von Hünigen, des "profilierten Vertreters der Dresdner Schule."[56]. In der unteren Hälfte zeigt er eine viereckige, in der oberen eine achteckige Form; die Turmhaube ist im typischen Oberlausitzer Barockstil gestaltet.[57]

Nach dem Brand wurden auch drei neue Glocken von Friedrich Körner aus Sorau gegossen und im Jahre 1761 geweiht. Heute befindet sich nur eine Glocke im Turm.[58]

1791 bekam die Kirche eine neue Orgel, die Johann Valentin Englert aus Zittau erbaute. 1882 erfolgte ein Umbau durch die Zittauer Firma Schuster, die auch 1993 eine Renovierung vornahm.[59]

1792 wird von 'Meister' Prasse ein neues Uhrwerk in den Turm eingebaut, „das einen hohen Seltenheitswert hat" [60]

1881-82 geschieht eine gründliche Erneuerung und Umgestaltung der Kirche im Sinne einer nüchternen „Erneuerung und Bereinigung"[61], „wobei durch Überstreichungen die Kirche den Reiz ihrer barocken Ausgestaltung verlor."[62] Die zweiten Emporen werden herausgerissen und der um den Altar umlaufende

---

[54] Kirchengalerie, Sp. 71.
[55] Infoblatt, 3.
[56] Mai, 71.
[57] Kirchengalerie, Sp. 71.
[58] Chronik, 2.
[59] Ebd.
[60] Ebd.
[61] Dehio 435.
[62] Chronik, 2.

„schwarze Chor"[63] sowie die Epitaphien werden bis auf fünf entfernt. Ins Schiff wird ein neues Gestühl eingebracht.[64]

Die Altarfenster werden mit Glasgemälden von Petrus und Paulus versehen, alle übrigen Fenster mit Kathedralglas und in der Sakristei mit Teppichmuster und bunten Kanten von der Firma Türcke ausgestattet.[65] Leider wurden diese glasmalerischen Kleinode in jüngerer Zeit wieder entfernt.

1885 wurde der Turm abgeputzt; 1891 eine Heißwasserheizung eingebaut.[66]

Interessanterweise erwähnt die Neue Sächsische Kirchengalerie (Erscheinungsdatum des Zittauer Bandes: 1904) noch zwei zu haltende Stiftspredigten: "Anfang Juli (Donnerstags 1 Uhr) die Eichlersche 'Armenrede' von 1670 und am Totensonntage nachmittags die Kretschmar'sche Predigt von 1895."[67]

1970 erfolgte eine erneute Renovierung des Kircheninneren.[68]

"Und so behielt der Kirchenbau der Bettelmönche diesen Charakter des bergenden Hauses, indem er trotz wachsender Dimensionen baukünstlerischen Aufwand durchaus vermied. Die Formen blieben schlicht, gliedernde Unterteilungen wurden bis auf ein Mindestmaß reduziert. Große langgestreckte Dächer, meist mit einem Dachreiter bekrönt oder von einem späteren Glockentürmchen wenig überragt - markieren die oft als gewaltige Baukörper im Stadtbild stehenden Kirchen der Dominikaner und Franziskaner..." (B.229)

---

[63] Kirchengalerie Sp. 73.
[64] Ebd.
[65] A.a.O., Sp. 74.
[66] Ebd.
[67] A.a.O., Sp. 75.
[68] Chronik, 2.

Literaturverzeichnis

Badstübner, Ernst: Kirchen der Mönche. Die Baukunst der Reformorden im Mittelalter. Berlin 1981. (= Badstübner)

Chronik aus der Kirche: = während des Besuches der Kirche auf der
        Exkursion dort ausliegende, zweiseitige Chronologie des
        Klosters und der Kirche
        (= Chronik)

Dehio, Georg: Handbuch der deutschen Kunstdenkmäler. Die Bezirke
        Dresden, Karl-Marx-Stadt, Leipzig. Zweite Auflage,
        Berlin 1966 (= Dehio)

Krell, Detlef: Oberlausitz und Zittauer Gebirge. Bielefeld/ Brackwede 1994. Lausitz Reisehandbuch. Berlin/Leipzig 1985. (= Reisehandbuch)

Mai, Hartmut: Kirchenbau und Kirchenausstattung des Barock in der
        Oberlausitz. In: Ulrich Kühn (Hg.): Kirche als Kulturfaktor.
        Festgabe der Theologischen Fakultät der Universität
        Leipzig für Johannes Hempel. Hannover 1994. (= Mai)

Sauppe, P.M.O. (u.a.): Neue Sächsische Kirchengalerie. Die Diöcese
        Zittau, Leipzig (o. J.) (= Kirchengalerie)

Stadtverwaltung Zittau, Touristinformation (Hg.): Denkmale in Zittau. Ehemaliges Franziskanerkloster - heute Städtische Museen Zittau - (o. J.) (= Infoblatt)